E.

MW01205872

sí importa

*Tres aspectos clave del
pacto matrimonial*

Tony Evans

PORTAVOZ

Título del original: *Marriage Matters* © 2010 por Anthony T. Evans y publicado por Moody Publishers, 820 N. LaSalle Boulevard, Chicago, IL 60610. Traducido con permiso.

Edición en castellano: *El matrimonio sí importa* © 2012 por Editorial Portavoz, filial de Kregel Publications, Grand Rapids, Michigan 49501. Todos los derechos reservados.

Traducción: Daniel Menezo

EDITORIAL PORTAVOZ
P.O. Box 2607
Grand Rapids, Michigan 49501 USA
Visítenos en: www.portavoz.com

ISBN 978-0-8254-1234-9
ISBN 978-0-8254-0368-2 Kindle
ISBN 978-0-8254-8496-4 epub

1 2 3 4 5 / 16 15 14 13 12

Impreso en los Estados Unidos de América
Printed in the United States of America

Contenido

LA TRASCENDENCIA: EL ORIGEN DEL MATRIMONIO

Para demasiadas personas, el tema del matrimonio es como un circo de tres pistas. Primero, viene el anillo de compromiso, redondo. Luego, la alianza de boda, redonda también. Luego, el sufrimiento, un círculo vicioso.

Una mujer me dijo que se casó porque iba buscando al hombre excelente, pero la búsqueda pronto se convirtió en algo exigente, y ahora lo que anda buscando es a algún suplente. Un hombre me dijo que él y su esposa fueron felices durante veinte años... y luego se casaron.

Hoy día son muchas las personas decepcionadas con el matrimonio. Se despiertan una mañana y descubren que la realidad en la que viven dista muchísimo de lo que habían soñado o imaginado. Debido a esto, algunos abandonan el matrimonio con tanta velocidad como entraron en él.

Además de esto, hoy día la ruptura de un matrimonio no parece tener la misma gravedad que tenía en el pasado. Los llamados «divorcios incausados» ofrecen la posibilidad de una separación amistosa. Mi pregunta es: si es tan amistosa, ¿por qué no siguen casados? Lo que experimentamos hoy día es el fin de un matrimonio sin el menor asomo de remordimiento.

Esto me recuerda a un hombre que fue a un partido de la Super Bowl. El estadio estaba abarrotado, pero el asiento que tenía al lado estaba libre. El hombre que tenía detrás le preguntó cómo era posible. El otro le contestó: «Este asiento era para mi esposa. Tendría que estar aquí, pero falleció».

El otro hombre le ofreció sus condolencias y le preguntó si no tenía algún amigo a quien haber invitado al partido, en vez de dejar el asiento vacío. El otro le respondió: «Sí que lo hice, pero todos mis amigos me dijeron que preferían ir al funeral».

Me doy cuenta de que estoy bromeando con un asunto muy serio, pero lo hago para ilustrar cómo parece que hoy día nadie valora ya la importancia de los votos nupciales. Las estadísticas nos recuerdan lo que ya sabemos, ya sea por experiencia personal o por la de nuestros amigos: que más del 50% de matrimonios acaban en divorcio. Más de la mitad de las promesas que dicen «hasta que la muerte nos separe» se incumple.

Debido a esto, lo que me gustaría analizar es la naturaleza del acuerdo que aceptamos cuando nos casamos. Si no lo comprendemos, no estaremos motivados para protegerlo. Lo que es peor, tampoco estaremos en posición de beneficiarnos de él.

Un día un muchacho perdió una de sus lentes de contacto. Pasó bastante tiempo intentando encontrarla, pero sin éxito. Al final se lo contó a su madre. La madre del chico comenzó a buscar la lente con él y la encontró en cuestión de minutos. El muchacho le preguntó: «¿Cómo es que has encontrado esa lente de contacto en solo unos minutos, cuando yo llevo media hora buscándola?».

La madre respondió: «Es sencillo. No la encontraste porque andabas buscando una lente de contacto. Yo la encontré porque buscaba 250 dólares».

Todo depende del punto de vista.

Hoy día nuestros matrimonios se deterioran a un ritmo tan acelerado no porque ya no nos llevemos bien, sino porque hemos perdido de vista el propósito y la prosperidad del pacto matrimonial.

Actualmente la mayoría entiende el matrimonio como una forma de buscar el amor, la felicidad y la realización personal. No nos equivoquemos con esto: estas cosas son importantes. Son cuestiones cruciales. No son sólo las más importantes, o las más críticas. Sin embargo, como hemos convertido lo segundo en lo primero, por importantes que sean las cosas que están en segundo lugar, tenemos problemas para encontrar nada.

Antes de que concluyamos el tiempo que pasaremos juntos en esta guía matrimonial, quiero que usted contemple el matrimonio desde un punto de vista diferente. Quiero que lo entienda de otra manera.

El matrimonio es un pacto. Es una unión de pacto diseñada para fortalecer la capacidad que tiene cada cónyuge para cumplir el plan de Dios en su vida. El matrimonio sí importa.

La descripción que hace Dios del matrimonio

Empezaremos leyendo en el libro de Malaquías. En este libro, Dios se queja de su pueblo porque ellos se han apartado de Él. Se han desviado del plan que Dios tenía para sus vidas.

Una de las quejas de Dios la encontramos en el capítulo 2, versículos 13 y 14. Leemos:

> «Y esta otra vez haréis cubrir el altar de Jehová de lágrimas, de llanto, y de clamor; así que no miraré más a la ofrenda, para aceptarla con gusto de vuestra mano. Mas diréis: ¿Por qué? Porque Jehová ha atestiguado entre ti y la mujer de tu juventud, contra la cual has sido desleal, siendo ella tu compañera, y la mujer de tu pacto».

¿Lo ha captado? El pasaje identifica concretamente el matrimonio como un «pacto». El término «pacto» solía vincularse regularmente al concepto del matrimonio. Esta palabra se ha perdido en nuestro lenguaje contemporáneo, pero es la descripción bíblica del matrimonio que se usa a lo largo de todas las Escrituras.

Los problemas vienen cuando no nos damos cuenta de que el matrimonio *es* un pacto, y cuando no sabemos qué es un pacto. Porque si no sabemos lo que es, no sabemos lo que se supone que debemos tener, desarrollar o proteger con el paso del tiempo. Es como intentar dar en el centro de una diana inexistente.

Para la mayoría de personas, un pacto no es más que una especie de disposición contractual formal. Aunque esto es cierto cuando hablamos de la naturaleza de un pacto, éste es mucho más que eso. En la Biblia, un pacto es una relación espiritualmente vinculante entre Dios y su pueblo, que incluye ciertos acuerdos, condiciones, beneficios y efectos.

> ## EL MATRIMONIO ES UNA UNIÓN DE PACTO DISEÑADA PARA FORTALECER LA CAPACIDAD QUE TIENE CADA CÓNYUGE PARA CUMPLIR EL PLAN DE DIOS EN SU VIDA.

Siempre que Dios quiso formalizar su relación con su pueblo, estableció un pacto. En la Biblia hallamos unos cuantos acuerdos de este tipo, como el pacto con Abraham, el pacto mosaico, el pacto davídico y el nuevo pacto. Éstas son las disposiciones formales que son espiritualmente vinculantes, en una capacidad legal, entre Dios y su pueblo.

El matrimonio es otra forma de pacto que Dios ha establecido.

Lo que haremos a lo largo de este capítulo y de los siguientes es profundizar en el propósito y en los aspectos prácticos del matrimonio, así como en las

tres facetas fundamentales que componen un pacto:
la trascendencia, la jerarquía y la ética.

Si usted puede asimilar, adueñarse y aplicar estas
verdades en su vida, tendrá una perspectiva teocén-
trica sobre el matrimonio, que influirá no solo en el
resto de su vida, sino en el de muchas generaciones
venideras.

La primera faceta del pacto: La trascendencia

La primera faceta de un pacto es un término teológico importante: *trascendencia*. (En capítulos posteriores abordaremos las otras dos facetas, la jerarquía
y la ética). La trascendencia significa, sencillamente,
que Dios es quien manda. Los pactos los inicia y los
dirige Dios.

Ahora bien, esto puede parecer una afirmación
evidente, sobre la que no necesitamos reflexionar
mucho, pero la trascendencia es un principio clave
en un pacto. Para que un pacto funcione con éxito,
proporcionando los beneficios y la seguridad propios de esta disposición, debe establecerse según las
expectativas y las regulaciones de Dios.

Los pactos nunca pueden funcionar sin la par-
ticipación constante de Dios. Los pactos bíblicos,
espirituales y teológicos asumen la integración de
Dios en todos los aspectos de la relación de pacto
para que este funcione.

Cuando se rechazan las realidades prácticas
de Dios de la relación matrimonial de pacto, esto
se convierte en una invitación para que el diablo

siembre el caos en el hogar. Esto sucede porque nos hemos apartado de la trascendencia.

Dado que, en última instancia, Dios es quien gobierna el pacto matrimonial, el primer lugar que debemos consultar para obtener los datos con los que forjar un matrimonio con propósito es el punto de vista que tiene Dios de él.

El punto de vista de Dios
sobre el matrimonio

La mayoría de personas aprende acerca del matrimonio partiendo de una fuente equivocada. Aprenden sobre el matrimonio por medio de la televisión, sus amigos o el hogar donde crecieron. Si usted creció en un hogar que funcionaba bien, es fantástico. Pero muchos no lo hicieron, de modo que el hogar, junto a los medios de comunicación y los amigos, suelen combinarse para generar una perspectiva distorsionada del pacto matrimonial.

Sin un marco de referencia divino, nos alejaremos de la fórmula de Dios para una relación saludable y productiva. ¿Cuál es el marco divino de referencia? Dios, en un momento tan temprano como el huerto del Edén, nos dio su punto de vista por medio del primer matrimonio.

Una de las reglas para estudiar la Biblia se llama la Ley de la Primera Mención. Ésta afirma, sencillamente, que si queremos saber lo que dice Dios respecto a un asunto, hemos de examinar la primera vez que toca el tema. Esto lo hacemos porque, típicamente, la primera vez que lo toca dice lo que piensa al respecto. Todo lo demás se fundamentará sobre esa primera vez. Aunque los comentarios posteriores pueden añadir algo o ampliarlo, no contradicen lo dicho en esa primera mención a menos que Él mismo diga que, en un momento posterior, lo contradicen.

El matrimonio nace en el libro de Génesis. Antes de que hubiera pecado hubo matrimonio. El matrimonio estaba inserto en un entorno sin pecado creado por Dios. Fue puesto allí con un propósito, que descubriremos a medida que profundicemos en los primeros capítulos.

«Y señoree»

Cuando leemos el primer capítulo del libro de Génesis, descubrimos que Dios ha estado muy activo creando muchas cosas distintas. Ha creado los cielos y la tierra de tal manera que sean funcionales, vibrantes y rebosantes de vida.

El quinto día, Dios formó las criaturas que vivirían sobre la tierra. Entonces, en el sexto, llegó a la cúspide de sus propósitos creativos: creó a la humanidad.

Leamos unos pocos versículos en Génesis capítulo 1. Dice:

«Entonces dijo Dios: Hagamos al hombre a nuestra imagen, conforme a nuestra semejanza; y señoree en los peces del mar, en las aves de los cielos, en las bestias, en toda la tierra, y en todo animal que se arrastra sobre la tierra. Y creó Dios al hombre a su imagen, a imagen de Dios lo creó; varón y hembra los creó. Y los bendijo Dios, y les dijo: Fructificad y multiplicaos; llenad la tierra, y sojuzgadla, y señoread en los peces del mar, en las aves de los cielos, y en todas las bestias que se mueven sobre la tierra» (Gn. 1:26-28).

Notemos que en el versículo 26, leemos que «dijo Dios…».

En el versículo 27, vemos que «creó Dios…».

Y en el versículo 28, leemos que «los bendijo Dios…». Dios dijo, luego creó, y al final bendijo. No perdamos esto de vista, porque demuestra que el origen del pacto matrimonial procede directamente de Dios. Éste es un punto esencial que hemos de recordar, como veremos más adelante.

> SIN UN MARCO DE REFERENCIA DIVINO, NOS ALEJAREMOS DE LA FÓRMULA DE DIOS PARA UNA RELACIÓN SALUDABLE Y PRODUCTIVA.

Lo primero que dijo Dios es que la humanidad fuera hecha «a nuestra imagen, conforme a nuestra semejanza; y señoree…». Tenga cuidado de no leer esto demasiado rápido, porque lo que acabamos de leer es una afirmación impresionante. Es una proposición que va más allá de toda comprensión, pero que, sin embargo, se pasa a menudo por alto.

Aquí tenemos a Dios creando al hombre, varón y hembra, y tras hacerlo, les ofrece un objetivo común.

Él dice que su meta común es ejercer dominio sobre el mundo en el que les ha colocado.

Dios dice que la humanidad será el reflejo de su imagen sobre la tierra, pero luego dice que hay algo más que eso para ellos. Les va a permitir «señorear». Permitirá que la humanidad ejerza dominio y autoridad.

Lo que vemos en el versículo 26 es a un Dios que delega en la humanidad la plena responsabilidad de administrar su creación terrenal. Dios decide controlar indirectamente los asuntos del mundo permitiendo que la humanidad ejerza un dominio directo. Ha puesto en la Tierra a un agente que será su representante, para cumplir en la historia los deseos de Él desde la eternidad.

Dios no solo delega la administración del mundo, sino que da al ser humano la libertad, la responsabilidad y el derecho de gobernar en nombre de Él, como propietario. Pero lo que no hace, fijémonos bien, es *obligar* al hombre a administrar. Dice «y señoree», pero no que le *hará* señorear.

Lo que esto significa es que usted puede tener un matrimonio feliz o desgraciado dependiendo de si su gestión refleja la imagen de Dios o no. Dios no le obligará a señorear. No le hará tener un matrimonio feliz. Él establece los fundamentos de un pacto, y le da la oportunidad de utilizarlos.

A menudo, el bienestar del hogar está determinado por si el hombre refleja la imagen de Dios en su papel, o si la mujer le refleja en el suyo. Una vez se rompe ese espejo, el reflejo que se supone debe tener lugar en la relación se rompe con él. Prácticamente siempre que se produce una ruptura matrimonial, se debe a que una o las dos partes funcionan fuera del aspecto fundamental de la trascendencia, propio del pacto. Son como un espejo roto.

Dios dice: «Yo estoy al mando. He hecho al hombre a mi imagen. Y ahora le permito que dirija las cosas dentro de los parámetros que he establecido». Ésta es mi traducción contemporánea de este pasaje de Génesis.

Pero no confundamos lo que Dios está diciendo. Dios no renuncia a la propiedad de nada cuando delega el gobierno. El Salmo 24 nos lo dice claramente: «De Jehová es la tierra y su plenitud; el mundo, y los que en él habitan» (Sal. 24:1). Dios sigue reclamando la propiedad. Pero, aunque lo hace, también concede libertad.

Esta verdad explica muchas cosas que a menudo la gente se pregunta. Son cosas como: «Si Dios es Dios, ¿cómo es que ha sucedido esto tan espantoso?». O «¿Por qué ha sucedido esa tragedia?», o «¿Cómo es que existe el caos, si Dios es un Dios de orden?»

Las cosas pasan, y el caos se produce porque Dios ha dicho: «y señoree». Dios ha dado al hombre la libertad, y la responsabilidad, de gobernar, para bien o para mal, para sí o para no, y para producir un impacto positivo o negativo.

Lo que Satanás intenta que hagamos es renunciar a nuestro gobierno, cediéndoselo cuando nos engaña diciendo que él tiene autoridad, o bien obligarnos a gobernar mal basándonos en nuestros propios juicios y puntos de vista distorsionados. Para ser los gobernantes que Dios quiere que seamos, tendremos que administrar con sabiduría bajo la trascendencia divina. Entonces es cuando pondremos por obra, completamente, el diseño de Dios para nuestras vidas.

LOS PARÁMETROS DE GOBIERNO

Dios reina sobre todo, pero ha delegado el dominio, en este momento único de la historia en que la humanidad vive en la Tierra. Esto lo vemos en el libro de los Salmos. El Salmo 115 dice: «Los cielos son los cielos de Jehová; y ha dado la tierra a los hijos de los hombres» (v. 16).

Lo que significa esto es que Dios ha decidido respetar las decisiones que tome usted, y que buena parte de los actos de Él estarán determinados por lo que usted haga. Muchas personas están sentadas, esperando que Dios actúe, pero a menudo Dios espera que sea el hombre quien haga algo. Si bien ha establecido una base de límites soberanos, una esfera a la que no permitirá el acceso humano, también ha abierto simultáneamente un campo en el que somos nosotros quienes decidimos las cosas, dejando que Él responda en consecuencia.

Dios no ha renunciado a su soberanía, pero nos ha otorgado una tremenda capacidad de dominio.

COMA LIBREMENTE

Si dejamos el capítulo 1 de Génesis y pasamos al 2, descubrimos más cosas sobre este dominio: «Y mandó Jehová Dios al hombre, diciendo: De todo árbol del huerto podrás comer; mas del árbol de la ciencia del bien y del mal no comerás; porque el día que de él comieres, ciertamente morirás» (Gn. 2:16-17).

Quiero que se dé cuenta de que Dios dice primero lo que *podemos* tomar de ese huerto. Dios dice que podemos comer libremente «de todo árbol del huerto». Lo que hacemos a menudo, igual que el legalismo, es leer ese pasaje u otros parecidos y centrarnos en el acto que nos está prohibido. Esto lo hacemos sin tener en cuenta los cientos de cosas que Dios nos ha dicho que tenemos libertad para disfrutar.

> DIOS REINA SOBRE TODO, PERO
> HA DELEGADO EL DOMINIO,
> EN ESTE MOMENTO ÚNICO
> DE LA HISTORIA EN QUE LA
> HUMANIDAD VIVE EN LA TIERRA.

Siempre que nuestra lista de «no puedo tener» o «no puedo hacer» es más larga que nuestra lista de lo que somos libres para hacer, entonces hemos ido más allá de lo que dicen las Escrituras. La esencia de la vida cristiana debe medirse por lo que podemos disfrutar, no por lo que tenemos prohibido.

Dios dice: «De todo árbol del huerto podrás comer; mas del árbol de la ciencia del bien y del mal

no comerás...». En otras palabras, usted es libre para
disfrutar de todo lo que Dios le ofrece, excepto una
única cosa que le daría la oportunidad de determi-
nar por sí solo lo que es bueno o malo, correcto o
erróneo. Esta regla no es una opción. Debemos vivir
según la revelación divina, no la inclinación humana.
Ésta era la limitación que se le puso a la humanidad
no solo para protegernos y guiarnos, sino también
para recordarnos nuestra subordinación a Dios.

EL CUIDADO DEL HUERTO

Esto nos lleva a la impresionante realidad sobre
el matrimonio cuyas implicaciones trascienden con
creces todo lo que usted podría esperar. Antes exa-
minamos Génesis capítulo 1, donde vimos que Dios
hizo al hombre a su propia imagen. El capítulo 2,
como descubriremos, nos dice qué hizo Dios, cómo
lo hizo y cuál fue su motivación. El capítulo 2 explica
los detalles del resumen contenido en el capítulo 1.

Dios ha hecho un huerto. Ha creado un lugar
único para el servicio, y dentro de esa esfera ha
hecho a Adán un llamado único. A diferencia de
los animales, a los que Dios creó en grupos, Dios
no hizo al hombre así. Hizo al hombre mediante un
proceso distinto, y por un motivo diferente.

En el capítulo 2 leemos acerca de este proceso:
«Y dijo Jehová Dios: No es bueno que el hombre
esté solo; le haré ayuda idónea para él» (Gn. 2:18).
Lo primero que quiero destacar de este pasaje es
que es Dios quien da las instrucciones. No vemos
que Adán se queje. Adán no dice: «¡Oh, no! Tengo

veinticinco años y aún no me he casado. ¿Por qué no envías a alguien que me ayude? ¡Estoy tan solo!».

No, hasta ese momento Adán ha funcionado muy bien como soltero. ¿Qué hace que se sienta tan contento y satisfecho? Está contento porque ha cumplido su llamamiento. Ha estado trabajando en su huerto. Ha estado haciendo lo que fue creado para hacer dentro de la esfera que Dios construyó para él.

Por favor, dése cuenta de que, antes de que Dios crease a la mujer, hizo a Adán y le dio un trabajo. Lo primero que hizo fue decirle a Adán que trabajase. De esta manera, Adán conoció la responsabilidad frente a Dios antes de que se le diera una nueva sobre la mujer.

Cuando un hombre no ha aprendido a tener responsabilidad hacia Dios (señores, ahora me dirijo a ustedes), será irresponsable respecto a la persona sobre la que ha sido puesto. Entonces, cuando una mujer está sujeta a un hombre irresponsable, se ha abierto a la posibilidad de tener una vida frustrante. Por eso lo primero que hizo Dios cuando creó a Adán fue otorgarle un llamamiento y una responsabilidad.

En el versículo 15 leemos: «Tomó, pues, Jehová Dios al hombre, y lo puso en el huerto de Edén, para que lo labrara y lo guardase». El verbo hebreo para «guardar» es el término que en español significa «vigilar, proteger». Adán debía hacer ambas cosas con el huerto. Allí es donde estaría su hogar. Y ese espacio era el que debería supervisar.

La pregunta que debemos formularnos es: ¿de qué debía proteger Adán el huerto? Éste es un mundo perfecto. Bueno, en realidad, no del todo. Es un entorno sin pecado, pero en él ya hay una serpiente que volverá a aparecer en el capítulo 3. El diablo ya está dentro.

El llamado y la responsabilidad de Adán eran proteger el huerto frente al diablo, porque cuando éste entrara en él, haría estragos. En ocasiones, el diablo es el vehículo para el caos que padecemos en nuestros matrimonios y en nuestras vidas. Sé que como pareja a veces discutimos y pensamos que el problema es la otra persona. Pero eso es exactamente lo que quiere el diablo. Quiere que usted piense que el origen del problema es la otra persona.

Quiere que crea esa falsedad porque sabe que cuando la persona con la que discute no es el verdadero problema, usted nunca resolverá el problema auténtico. Se trata de un problema espiritual provocado por nuestras propias naturalezas pecaminosas, o por un Enemigo de Dios rebelde y astuto.

Hasta que admitamos el aspecto de pacto de la trascendencia en nuestros matrimonios (que Dios instituyó el matrimonio y, por consiguiente, está al mando, lo cual conlleva que su punto de vista debe ser el nuestro), nunca experimentaremos la relación productiva, pacífica y con propósito que fuimos diseñados para tener. No la disfrutaremos porque seguiremos mirando la vida a través de las limitaciones de los ojos físicos. Nos perderemos los vínculos establecidos en el ámbito espiritual.

El matrimonio es un pacto creado para mejorar la capacidad de cada cónyuge para hacer en la Tierra lo que Dios ha decidido en el cielo.

LA AYUDA IDÓNEA

Antes de que Dios diera una esposa al hombre, le confió un llamado. Le dio un huerto, un lugar donde plantar y que debía proteger. También le dio una responsabilidad. Entonces le dio algo más.

Lo leemos en nuestro pasaje, que sigue diciendo:

«Jehová Dios formó, pues, de la tierra toda bestia del campo, y toda ave de los cielos, y las trajo a Adán para que viese cómo las había de llamar; y todo lo que Adán llamó a los animales vivientes, ese es su nombre. Y puso Adán nombre a toda bestia y ave de los cielos y a todo ganado del campo; mas para Adán no se halló ayuda idónea para él. Entonces Jehová Dios hizo caer sueño profundo sobre Adán, y mientras éste dormía, tomó una de sus costillas, y cerró la carne en su lugar. Y de la costilla que Jehová Dios tomó del hombre, hizo una mujer, y la trajo al hombre» (Gn. 2:19-22).

Parece que Dios esté haciendo el papel de Cupido, ¿no? Hace de casamentero. Dios dice: «Adán, eres bueno, pero no tanto. Eres grande, pero no tanto. Adán, necesitas ayuda».

Para que Adán pueda hacer lo que Dios le ha dicho que haga, necesitará a alguien que le ayude.

Nunca alcanzará su máximo potencial, porque está incompleto. Pero él no lo sabe, de modo que Dios le ordena que empiece a hacer algo que le manifestará su propia necesidad.

Cuando Adán empezó a poner nombre a los animales del huerto, pudo darse cuenta de que cada animal tenía una pareja. El Sr. Antílope tenía a la Sra. Antílope, el Sr. Búfalo a la Sra. Búfalo, el Sr. Pingüino a la Sra. Pingüino. Por medio del proceso de cumplir con sus obligaciones, Dios reveló a Adán su necesidad.

Dios hizo que Adán descubriera lo que le faltaba. Todos los demás seres tenían a alguien como ellos, pero Adán no. Démonos cuenta de que Dios no dio a Adán una esposa hasta que le llevó a darse cuenta de que tenía esa necesidad. Atribuimos más valor a algo o a alguien cuando pensamos que satisface una necesidad. Una de las quejas más frecuentes que escucho en las sesiones de asesoramiento con parejas casadas es que uno de los cónyuges no se siente necesario. Dentro de una unión de pacto, los dos cónyuges son necesarios.

Dios vio a Adán y dijo: «No es bueno» que estuviera solo. De hecho, ésta es la primera cosa que Dios califica como «no buena». Hasta ese momento, Dios ha estado diciendo que todo era bueno. Todo lo que ha creado es bueno. Pero ahora que Adán está por ahí, haciéndolo todo a solas, Dios dice: «Esto no es bueno. El hombre necesita ayuda».

La pregunta sobre la mesa es: ayuda, ¿para hacer qué?

CREADA COMO AYUDANTE

¿A lo mejor Adán necesitaba ayuda para lavarse la ropa? Seguramente no, dado que no tenía. ¿O quizá necesitaba a alguien que limpiara la cáscara de coco vacía que usaba para beber agua? ¿O que le despertara a la hora correcta para que siguiera con su trabajo de poner nombre a los animales? ¿O para asegurarse de que tuviera listo su desayuno? Pero pensándolo bien, si ése es el tipo de ayuda que necesitaba Adán, podría haberlo hecho una criada.

En la Biblia leemos que Dios no hizo una simple criada, sino que «elaboró» una mujer. Diseñó a Eva. El verbo «elaborar», presente en algunas versiones, no es el mismo término que se usa para decir que Dios creó al hombre. Cuando Dios hizo al hombre, se inclinó y tomó polvo del suelo, lo amontonó y dijo: «Ahí está, el hombre».

> ## DIOS DICE: «ADÁN, ERES BUENO, PERO NO TANTO. ERES GRANDE, PERO NO TANTO. ADÁN, NECESITAS AYUDA».

Pero cuando leemos que Dios creó a Eva, dice que la «elaboró», que la «formó». «Elaborar» algo significa construirlo con mucho detalle. Dios tomó la costilla de Adán y, con ella, creó cuidadosamente una mujer. Dios hizo a la mujer de forma que fuera totalmente distinta al hombre, pero al mismo tiempo una consumación de éste. Por tanto, si Adán quería recuperar su costilla, tendría que aceptar mucho más de lo que había tenido al principio.

Dios concedió a Adán una ayuda idónea para satisfacer su necesidad de cumplir el mandato que Dios le había dado antes, que era el de señorear. Dios no dio Eva a Adán sólo para que estuviera acompañado. Dios dio Eva a Adán para que tuviera a alguien con quien colaborar para alcanzar la meta para la que había sido creado.

Dios no elaboró a Eva a partir de la nada, señoras, para que pudiera existir sola. Formó a Eva a partir de la costilla de Adán para que tuviera a alguien con quien colaborar en su propósito divino: señorear.

Complemento, no contradicción

A la luz del plan divino para la plenitud del matrimonio, una de las afirmaciones más desinformadas que puede hacer un esposo o una esposa es: «No somos compatibles». A veces se expresa diciendo «No tenemos nada en común» o «Somos tan diferentes como la noche y el día». Por supuesto que lo son: ¡si los dos fueran iguales, uno de los dos sería innecesario! El motivo de que se necesiten mutuamente es porque son distintos. A uno le gusta el café, al otro el té. Uno se acuesta temprano, el otro tarde.

Una de las bendiciones más dulces que Dios me ha dado es una mujer que tiene una personalidad totalmente diferente a la mía. Yo tengo una personalidad extravertida, exuberante, pública, mientras que mi esposa es sosegada y serena. Somos diferentes, y esto responde al plan divino. Como nuestras personalidades contrastan, cuando me paso de extravertido, su reserva me mantiene dentro del límite, y cuando ella es demasiado reservada, mi entusiasmo le hace avanzar.

De vez en cuando esto provoca fricciones, porque cuando ella es demasiado pausada yo me irrito un poco, y cuando yo soy demasiado entusiasta ella se molesta. Pero lo importante no son nuestras diferencias; se supone que debemos ser distintos. Lo importante es hacer que esas diferencias que Dios nos ha dado funcionen a nuestro favor, no en nuestra contra.

Desde que el pecado entró en el mundo, hemos perdido nuestra comprensión de cómo hacer que las diferencias se complementen mutuamente. Si nos limitásemos a buscar lo que Dios quiere enseñarnos por medio de la pareja que nos ha dado, creceríamos en vez de quejarnos.

Puede que usted diga: «No creo que fuera Dios quien me dio a mi pareja». ¡Es demasiado tarde para esa conclusión! Dios le enseñará a amar y a aprender de la persona con quien comparte su vida. Usted y su cónyuge no tienen problemas debido a ninguna diferencia que no pueda resolverse aplicando las pautas de Dios para hacer que sean complementarias en vez de contrapuestas.

LA ACEPTACIÓN DEL AYUDANTE DIVINO

Si volvemos a centrarnos por un momento en los hombres, creo que nuestra cultura ha distorsionado a menudo la manera de ver a las mujeres, y quiero hablar de este tema. El motivo por el que Dios da una esposa a un hombre no es para que pueda disponer de cocinera, criada o compañera de entretenimientos, sino porque el hombre no dispone de todo lo que necesita para dirigir bien. La mejor manera de explicar la palabra «ayudante» es como alguien capaz de colaborar para cumplir un propósito. Si no hubiera ayuda, Adán sólo podría gobernar parcialmente, nunca plenamente.

Permítame ser más directo: el primer motivo por el que Dios creó a Eva no tuvo nada que ver con la sexualidad o la procreación. Tuvo todo que ver con el dominio. Los animales procrean, pero éstos no fueron creados para tener dominio. Lo que diferencia a Adán y Eva de los animales es que se les dio la responsabilidad y el destino exclusivos de señorear.

Cuando un hombre rechaza la presencia saludable y colaboradora de una mujer, ha eclipsado el gobierno de Dios en su propia vida. Por lo tanto, ha limitado lo que Dios es libre para hacer en él y por medio de él al darle autoridad espiritual, puesto que ha rechazado la ayuda ordenada por Dios.

Varones, si Dios les ofrece la ayuda, es porque la necesitan. Si no aprovechan esa ayuda, no la reciben. Es decir, que no ejercen el pleno dominio para gobernar en la esfera en que Dios les ha colocado.

La palabra «idónea», al analizar el texto más a fondo, significa «contribuyente esencial». Se trata de alguien destinado concretamente a complementar y completar. En otras palabras, el punto de vista de una mujer no es información adicional, sino algo esencial. La presencia de una mujer no es meramente ornamental; es vital para ampliar la oportunidad del dominio.

Siempre que un hombre casado tome una decisión importante sin consultar con su esposa, para obtener primero la perspectiva informada de ella, tomará la decisión sin contar con los componentes necesarios para decidir bien.

Los hombres suelen defender sus decisiones mediante la lógica. Las mujeres no solo aportan su lógica a la ecuación, sino dado que Dios las ha creado con más conectores cerebrales, les proporcionó también un sentido, o una intuición, sobre las cosas. Y mientras que al hombre se le ha dado la libertad de tomar la decisión final, como cabeza del hogar, ese rol debería tomar plenamente en consideración el grado total de colaboración que necesita de la ayudante que Dios le ha proporcionado.

Parte del rol como cabeza del hogar consiste en admitir que tiene cerca a una persona que le entiende, y que puede ofrecerle una perspectiva que, de otro modo, no tendría. Por consiguiente, cualquier hombre que no recurre a su cónyuge en busca de su mente, sus habilidades, su formación y sus dones, es un necio.

Ahora bien, esto no quiere decir que Dios no añada cierto grado de diversión durante el camino. No me malentienda. El matrimonio también ofrece compañerismo, unión sexual y procreación. Pero el propósito primario del matrimonio, que descubrimos en Génesis, es ofrecer plenamente todo lo necesario para que la humanidad cumpla su misión: «señorear».

El matrimonio es una unión de pacto destinada a fortalecer la capacidad de cada cónyuge para gobernar la esfera en que Dios les ha colocado. Por medio del principio de la trascendencia, Dios ha establecido el marco para esta unión: la libertad para señorear dentro de los límites que Él ha establecido. Dentro de este marco hallamos una gran libertad y una gran autoridad, y cuando usemos estas cosas descubriremos que nuestras decisiones realmente tienen su importancia.

2

La jerarquía:
El orden del
matrimonio

No hace mucho tiempo, llevé mi automóvil al concesionario para una revisión. Lo llevé para que le hicieran el cambio de aceite rutinario, así como cualquier otro trabajo de mantenimiento habitual que fuera necesario.

Poco después de haberlo dejado, recibí una llamada telefónica del concesionario, diciéndome que mi vehículo presentaba algunos problemas. Uno de los principales era el desgaste de las llantas. Los neumáticos no se desgastaban uniformemente, ni tampoco al ritmo correcto.

El mecánico al otro lado de la línea me dijo: «Tony, el motivo de que sus neumáticos sean problemáticos es que su vehículo no está bien alineado, como demuestra el modo en que se le desgastan las llantas».

Le pregunté qué debería hacer, y si debíamos cambiar los neumáticos. Pero él me dijo: «Aunque cambiemos las llantas, si no soluciona el problema del alineamiento, estropeará algo nuevo de trinca con un problema que no ha solucionado, que es el del alineamiento».

En otras palabras, el problema que yo veía (que mis neumáticos estaban muy desgastados) no era el verdadero problema. Las llantas no eran las que provocaban su propio desgaste. El problema tenía otro origen. Ese «origen» era que las cosas no estaban alineadas correctamente. Y como no lo estaban, aquello con lo que yo contaba para trasladarme del punto A al punto B soportaba un desgaste y un deterioro innecesarios.

Cuando observamos a nuestro alrededor, nuestras familias y matrimonios de hoy día, vemos mucho desgaste y deterioro. Lo padecen las mujeres de quienes otros abusan, descuidan y afectan negativamente. Hay mucho desgaste en los niños a quienes se malcría y/o se ignora. Hay mucho deterioro en los hombres derrocados y menospreciados.

La mayor parte de las cuestiones negativas a las que se enfrenta nuestra sociedad en general puede vincularse directamente a la ruptura de la familia. Debido a la redefinición y al desmantelamiento del hogar, la muerte ha sustituido a la vida, el conflicto a la armonía y el sufrimiento a la paz.

¿Cómo resolver la crisis social a la que nos enfrentamos en las vidas de tantas personas y en nuestras comunidades, en nuestro país y en todo el mundo? Resolveremos esta crisis degenerativa si aceptamos y respetamos los términos del pacto matrimonial.

En nuestro capítulo anterior, vimos que el matrimonio es una unión de pacto diseñada por Dios para fortificar los medios con los que marido y esposa deben ejercer dominio dentro de la esfera única en la que han sido colocados.

También vimos que el primero de los tres aspectos fundamentales del pacto matrimonial es la trascendencia. La trascendencia significa, sencillamente, que Dios es tanto el autor como la autoridad del pacto. A Él se le ocurrió la idea, orquestó su expresión, creó a los socios, unió a los dos y estableció los parámetros.

La segunda faceta del pacto: La jerarquía

Ahora quiero hablar de la segunda faceta clave del pacto matrimonial, que tiene relación con el desgaste y el deterioro al que me refería antes cuando hablaba de mis neumáticos. Esto se debe a que el segundo aspecto de la unión de pacto involucra el concepto llamado *jerarquía*. Una jerarquía, definida con sencillez, es una cadena de mando. Es un orden que funciona dentro de una alineación determinada.

Como los automóviles que deben estar bien alineados, los pactos solo funcionan cuando lo hacen según el orden que Dios ha establecido. El mismo desgaste, el mismo deterioro que se manifestaron en mis llantas cuando mi auto no estaba alineado, se expresa en nuestros matrimonios, familias y sociedades cuando las parejas ignoran este componente esencial del pacto.

¿Cómo trastornó Satanás el primer matrimonio?

Lo hizo al alterar el orden de la relación. No acudió a Adán para que éste decidiese. Fue a ver a Eva, a propósito. Alteró el orden de alineación.

Dios dijo a Adán, antes de que fuese creada Eva, que podrían comer libremente de todos los árboles del huerto, exceptuando el árbol del conocimiento del bien y del mal. Después de que Dios diera esta instrucción a Adán, la misión de éste consistía en transmitir la información a Eva, cosa que hizo. Pero el diablo apareció más tarde, y quiso hablar con Eva. Ésta acabó manteniendo un diálogo profundo (aparte de Adán) sobre las instrucciones que había dado Dios.

En el capítulo 3 de Génesis leemos este diálogo, y más cosas.

«Pero la serpiente era astuta, más que todos los animales del campo que Jehová Dios había hecho; la cual dijo a la mujer: ¿Conque Dios os ha dicho: No comáis de todo árbol del huerto? Y la mujer respondió a la serpiente: Del fruto de los árboles del huerto podemos comer; pero del fruto del árbol que está en medio del huerto dijo Dios: No comeréis de él, ni le tocaréis, para que no muráis. Entonces la serpiente dijo a la mujer: No moriréis; sino que sabe Dios que el día que comáis de él, serán abiertos vuestros ojos, y seréis como Dios, sabiendo el bien y el mal. Y vio la mujer que el árbol era bueno para comer, y que era agradable a los ojos, y árbol codiciable para alcanzar la sabiduría; y tomó de su fruto, y comió; y dio también a su marido, el cual comió así como ella» (Gn. 3:1-6).

> ## ¿CÓMO TRASTORNÓ SATANÁS EL PRIMER MATRIMONIO? LO HIZO AL ALTERAR EL ORDEN DE LA RELACIÓN. NO ACUDIÓ A ADÁN PARA QUE ÉSTE DECIDIESE. FUE A VER A EVA, A PROPÓSITO. ALTERÓ EL ORDEN DE ALINEACIÓN.

Volvamos a examinar la última parte. Dice que cuando Eva vio que el árbol «era bueno para comer, y que era agradable a los ojos», tomó del fruto. Eva tomó una decisión deliberada basada en una respuesta emocional. El árbol la «deleitó» y la hizo «desearlo». Lo que sucede luego es que dio del fruto a Adán.

¿Dónde estaba Adán durante ese tiempo? Con ella. No es que Adán no anduviera cerca y Eva se viera superada por la palabrería de una serpiente; Adán estaba con ella. Eva se había convertido en el líder espiritual de los dos, y Adán en un acompañante pasivo. Se invirtieron los roles, y se desató el infierno.

Siempre que un hombre renuncia a su liderato espiritual, y cada vez que una mujer lo asume, el diablo recibe una invitación para entrar en el huerto. Cuando los roles se alteran, se invita a Satanás. Hoy día padecemos una generación de roles invertidos, de mujeres dominantes y hombres pasivos que no siguen el mandato bíblico de la alineación.

¿Qué le hubiera pasado a mi automóvil si le hubiera dicho al mecánico que no se preocupase sobre la advertencia que nos daban el desgaste y el deterioro de las llantas, y que dejase el coche desalineado? Que yo hubiera seguido conduciendo mi coche, y que al final el vehículo se hubiera vuelto inestable. Se habría sacudido tanto que no hubiera podido conducirlo bien. Cuando un vehículo no está bien alineado no solo desgasta los neumáticos, sino que deja de ser un entorno estable para sus ocupantes. Un vehículo inestable también es un peligro para los otros que están en la carretera. Todo el mundo sale perjudicado.

Hoy día muchos matrimonios van dando bandazos porque la relación no está alineada. Igual que Adán, quien no dijo nada mientras escuchaba a la serpiente convenciendo a su esposa para que tomara una decisión monumental, los hombres y las mujeres de hoy invierten el orden en el que deben hacerse las cosas en el hogar.

La naturaleza aborrece los vacíos. Cuando un hombre renuncia a su rol de liderazgo, es de esperar que una mujer se adelante para ocuparlo.

La alineación bíblica

¿Dónde hallamos este esquema bíblico de la alineación? Lo encontramos cuando leemos lo que escribe Pablo en el libro de 1 Corintios. Por favor, tenga en cuenta que está escribiendo a cristianos de la iglesia de Corinto, que se dirige a un grupo de creyentes. Leemos: «Pero quiero que sepáis que Cristo es la cabeza de todo varón, y el varón es la cabeza de la mujer, y Dios la cabeza de Cristo» (1 Co. 11:3).

Pablo dice que quiere que entendamos que existe un orden según el que opera Dios. Este orden designa claramente que Dios es la cabeza de Cristo. También afirma que Cristo es la cabeza de todo hombre. Y que el hombre es la cabeza de la mujer; no de *todas* las mujeres, quiero señalar, sino de *una* mujer. Esta alineación no afirma que todos los hombres están por encima de todas las mujeres, ni que este proceder es aplicable a un entorno laboral o a otras relaciones. Está hablando claramente de la alineación en el matrimonio, porque dice «*la* mujer».

En este pasaje hallamos la delineación más clara de la alineación funcional de Dios. Dios Padre está por encima de Cristo, Cristo por encima de todos los hombres. Y un hombre (esposo) está por encima de una mujer (esposa).

Cuando alguien escapa de ese orden, Satanás tiene la oportunidad de introducir el caos. Tenga en cuenta que en este pasaje descubrimos que ni siquiera Jesús puede salir de esa alineación. Si Jesús no puede escapar de esa jerarquía, está claro que usted y yo tampoco.

Jesucristo es Dios encarnado. Jesucristo es el Hijo del Dios vivo, que lleva en Él la misma esencia de la deidad. Sin embargo, cuando hablamos de la función dentro de la historia, está sometido a autoridad. Cuando hablamos de cómo funciona Cristo dentro del ámbito del espacio y del tiempo, está bajo una autoridad prescrita.

Cuando habló de sí mismo a sus discípulos mientras estaban en Samaria, Jesús dijo que había venido para hacer «la voluntad del que me envió, y que acabe su obra» (Jn. 4:34). En otras palabras, estaba sometido a la autoridad de Otro.

El ser ontológico de Cristo es la misma esencia que la de Dios, como leemos en el primer capítulo de Hebreos, pero en cuanto a su obra en este mundo, Jesús se sometió a Dios para realizar su plan divino.

La obra de la redención se completó porque Jesús se sometió a la cabeza, que es el Padre. La redención, la santificación, la glorificación y la vida eterna se alcanzaron gracias a un sistema jerárquico. Jesús trabajó bajo una autoridad para cumplir los propósitos del reino en este mundo.

CRISTO COMO CABEZA

También leemos en 1 Corintios 11:3 que todo hombre está sometido a Cristo. Permítame que le señale que es en este punto donde a menudo hallamos la ruptura en la cadena de mando. No hallamos la ruptura en el hecho de que Jesús estuviera sometido a Dios Padre. Jesús manifestó una obediencia perfecta al Padre. Dijo: «no se haga mi voluntad, sino la tuya» (Lc. 22:42). Jesús demostró esta sumisión hasta el punto de la muerte, y muerte en una cruz.

La ruptura de la jerarquía suele darse, típicamente, en el nivel dos. Se trata de que todo hombre, supuestamente, debe estar bajo la autoridad de Jesucristo. De hecho, esta jerarquía nos ofrece la definición bíblica de un hombre, la de un varón que ha aprendido a funcionar bajo el señorío de Jesucristo en su vida.

La queja de muchos hombres de que sus mujeres no se someten a ellos suele ser cierta también de ellos. A menudo los hombres dicen que sus mujeres no se someten. Pero la pregunta que recibimos a modo de respuesta, por medio de las palabras de Pablo en 1 Corintios, es: «¿Se somete usted?» Porque si el hombre no está sometido a la autoridad a quien debe obediencia, lo que ve en su esposa no es más que un reflejo de su propio trastorno.

Sé que «sumisión» es una palabra impopular. Pero cuando entendamos la sumisión desde el punto de vista bíblico, veremos que es una fuerza positiva para alcanzar el bien, no una fuerza negativa para sujetar a alguien a un estatus inferior. El término griego para sumisión, *hupotasso*, significa que una persona se someta a la autoridad de otra.

Esto no implica coerción, sino más bien la disposición de tomar nuestra persona, tal como la hizo Dios, y someterla a la autoridad de otra: en el caso del hombre, a Dios; en el caso de la mujer, a Dios y a su esposo.

Generalmente, la falta de sumisión por parte del hombre conduce a la falta de sumisión en la mujer. Lo que los hombres quieren hacer, normalmente, es ser «cabeza» sin estar bajo su «Cabeza». Los problemas del matrimonio surgen cuando los hombres no están alineados, e intentan que sus mujeres se alinean a ellos. Luego son los hijos quienes pierden la alineación, y muy pronto toda la familia queda sumida en el caos.

Empieza con Cristo, y luego se transmite al hombre. Descubrimos más sobre el tema en el capítulo 34 de Éxodo, cuando Dios dice algo muy interesante sobre los hombres. Leemos:

> «Tres veces en el año se presentará todo varón tuyo delante de Jehová el Señor, Dios de Israel. Porque yo arrojaré a las naciones de tu presencia, y ensancharé tu territorio; y ninguno codiciará tu tierra, cuando subas para presentarte delante de Jehová tu Dios tres veces en el año» (Éx. 34:23-24).

> GENERALMENTE, LA FALTA DE SUMISIÓN POR PARTE DEL HOMBRE CONDUCE A LA FALTA DE SUMISIÓN EN LA MUJER. LO QUE LOS HOMBRES QUIEREN HACER, NORMALMENTE, ES SER «CABEZA» SIN ESTAR BAJO SU «CABEZA».

Tres veces al año, los varones israelitas debían reunirse delante del Señor que les gobernaba. En el Antiguo Testamento, la frase «el Señor tu Dios» significa «el Señor soberano». Un soberano es alguien que tiene autoridad sobre usted, y que le dice qué hacer. Antes, cuando hablamos de la trascendencia, ya comentamos el aspecto soberano de Dios en el pacto.

Como leemos en este pasaje, tres veces al año todos los varones debían acudir a un lugar determinado y, al hacerlo, reconocer el gobierno soberano de Dios en sus vidas. Ahora bien, antes de que pasemos por encima de este texto con demasiada rapidez, pensemos en lo que supondría este hecho para quienes quedaban atrás.

Tres veces al año todos los hombres salían de su tierra y de su hogar. Desde un punto de vista militar y defensivo, eso es impensable. Desde un punto de vista comercial y agrícola, es inimaginable. ¿Que se han ido todos los varones, y las mujeres y los niños se quedan solos para arreglárselas por su cuenta? No parece una estrategia nacional muy positiva.

Pero aquí es donde llega el segundo versículo del pasaje. Dios dice que, mientras usted esté fuera buscándole y honrándole bajo su autoridad, no tiene que preocuparse. Dice que Él se ocupará de que nadie perturbe sus tierras, sus casas o a la familia que dejó en ellas. Leemos: «ninguno codiciará tu tierra, cuando subas para presentarte delante de Jehová tu Dios».

En otras palabras, Dios dice que si usted se limita a alinearse bajo su autoridad, entonces Él le cubre las espaldas. Se encarga de protegerle. Él tiene el control. Pero para que Dios nos proteja, señores, tendremos que humillarnos bajo su autoridad. Tendremos que alinear nuestros pensamientos, nuestros actos, nuestras decisiones, nuestro liderazgo, bajo el punto de vista y la autoridad globales de Dios.

Lo que Satanás quiere que hagan los hombres es reclamar su autoridad sin estar bajo la Autoridad. Y uno siempre se da cuenta de cuándo Satanás ha tenido éxito con este engaño. Siempre se puede saber cuándo un hombre no está sometido a la Autoridad divina, porque pocas veces, o nunca, introduce en el debate el punto de vista de Dios. Sus decisiones, o las de la familia, no reflejan las de Dios. Sin embargo, como recordatorio, hay que decir que da igual quién tome la decisión: en última instancia, el hombre será considerado responsable.

Recuerde que fue Eva quien habló con el diablo en el huerto, y quien optó por comer el fruto. Pero es a Adán a quien se culpa por la entrada del pecado en el mundo. En el Nuevo Testamento leemos que «en Adán todos mueren» (1 Co. 15:22a). ¿Por qué Adán? Porque él era el responsable. Ser la cabeza de alguien quiere decir que uno es responsable.

Puesto que se nos considera responsables, varones, hemos de tener en cuenta que la perfección está en Cristo, no en nosotros. Hemos de estar sometidos a Él. No sabemos lo suficiente como para dirigir bien. Por lo tanto, lo que debemos hacer como hombres es descubrir cuál es la voluntad del Señor soberano para cada faceta de nuestras vidas. Hemos de presentarnos delante del Señor nuestro Dios, y luego conducir a nuestra familia en esa dirección. Cuando lo hagamos, Dios dice que nos protegerá, nos guiará y nos informará.

Lo mejor que puede hacer un hombre para guiar su hogar y cultivar su matrimonio es plantear la pregunta: «¿Cuál es la mente de Cristo sobre este tema?», y luego obedecerla. Una vez haya hecho eso, tendrá toda la atención de su esposa, y su sumisión. Entonces ya no discutirá con usted ni rebatirá sus opiniones. Usted habrá introducido en la ecuación a Cristo y a su Palabra. Al final ella se relajará cuando vea que usted se encuentra bajo una Autoridad en la que se puede confiar.

Una de las mayores necesidades de una mujer en el matrimonio es la seguridad. Una mujer necesita sentirse segura, y por eso en ocasiones le pedirá a su marido que la abrace. La mayoría de hombres malinterpretan este acto, considerándolo una petición de intimidad física, pero si lo que ella tiene en mente es la necesidad emocional de seguridad, seguro que no piensa en los deseos físicos.

Una esposa necesita sentirse segura. Un hombre debe alinearse con la Palabra de Dios para ofrecerle un contexto que la induzca a sentirse así. Cuando lo haga, demostrará qué significa ser un líder verdaderamente espiritual sobre ella.

El matrimonio es una unión de pacto destinada a demostrar la soberanía de Dios dentro de la jerarquía de nuestro dominio. Cristo se sometió a Dios Padre. Todos los hombres están bajo Cristo. Y el hombre está por encima de la mujer.

El mismo valor, funciones distintas

Ahora bien, tengamos en cuenta que la jerarquía no determina el valor. Nosotros, hombres y mujeres, somos todos iguales delante de Dios. La jerarquía es un aspecto clave de un pacto que define la función. Un hombre está funcionalmente por debajo de Cristo, pero no tiene más valor que una mujer. Una mujer se encuentra funcionalmente subordinada a un hombre, pero no tiene menos valor que él.

La Biblia nos da el motivo de este posicionamiento, y lo leemos en 1 Timoteo, capítulo 2 que dice:

«Porque no permito a la mujer enseñar, ni ejercer dominio sobre el hombre, sino estar en silencio. Porque Adán fue formado primero, después Eva; y Adán no fue engañado, sino que la mujer, siendo engañada, incurrió en transgresión» (1 Ti. 2:12-14).

Por favor, dense cuenta de que Pablo expone este principio basado en el orden de la Iglesia. Esto no tiene nada que ver con la cultura local ni el periodo histórico. No tiene nada que ver con la educación que recibiera la persona. Pablo dice que esto se remonta hasta el momento en que no había pecado en el mundo. Dice que Dios creó primero a Adán, de modo que hubo un orden; luego llegó Eva.

Después dice que el engañado no fue Adán, sino Eva. A lo largo de este pasaje, vemos el orden claro de la creación, y cómo se invirtió.

Cuando Eva comió del árbol del conocimiento del bien y del mal, y luego convenció a Adán de que hiciera lo mismo, lo que reveló fue su deseo de vivir la vida con independencia de Dios. Así es como funciona la mayoría de relaciones hoy día. Uno de los cónyuges o los dos optan por vivir sus vidas apartados del gobierno y de la autoridad de Dios.

Los conflictos también surgen porque usted y su cónyuge tienen distintas historias, estilos de aprendizaje, personalidades y trasfondos. Uno de los cónyuges puede decir «Mi padre me educó así», o «Mi madre siempre hacía eso». Todo el mundo tiende a funcionar desde un punto de vista diferente, porque tienen sus propias ideas de lo que integra el conocimiento del bien y del mal: lo que está bien y lo que está mal.

Todo el mundo tiene una opinión. El problema es que se pueden pasar el resto de sus vidas discutiendo sobre opiniones. Las Escrituras dicen que ésta no es la manera de vivir la vida. Debemos vivirla basándonos en la revelación, no en las inclinaciones personales. Sea cual fuere el tema que provoca fricción en nuestro matrimonio, o sea cual fuese la decisión que hemos de tomar (ya sea de índole económica, personal o profesional), lo que hemos de hacer es descubrir el punto de vista de Dios sobre el asunto, y alinearnos bajo su autoridad.

Adán debía hacer que su prioridad fuera escuchar el punto de vista de Dios sobre temas relativos a la vida y a la familia, y luego transmitirlo a los otros miembros de la familia por medio del discipulado y del liderazgo. Si las parejas deciden que los hombres guíen de acuerdo con los principios de Dios, y que las mujeres reflejen su liderazgo bajo ellos, su hogar cambiará por completo.

> Cuando Eva comió del árbol
> del conocimiento del bien y del
> mal, y luego convenció a Adán
> de que hiciera lo mismo, lo que
> reveló fue su deseo de vivir la
> vida con independencia de Dios.

Ahora bien, déjeme que afirme brevemente que este orden tiene sus limitaciones. Si un hombre le pide a su esposa que atraque un banco, ¿debería ella hacerlo? No, no debería asaltar el banco porque eso supone transgredir una ley superior. Eso supondría transgredir la ley de Dios que prohíbe robar. En otras palabras, si un hombre pide a su esposa que haga algo contrario a las leyes de Dios, entonces cede a Dios la autoridad que tiene sobre ella.

Un marido no tiene una autoridad absoluta sobre su esposa. Su autoridad sigue siendo válida mientras no viole un mandato divino, las Escrituras, o un principio extraído de la Palabra de Dios.

Es hora de alinearse

Hasta ahora hemos visto que Dios nos ha creado con el propósito que Él mismo estableció: ejercer dominio en la esfera de nuestro mundo sobre el que tenemos responsabilidad e influencia. Hemos de gobernar dentro de ese ámbito en concierto con Dios, y sometidos a Él como subordinados en una cadena de mando prescrita.

Dios creó a Adán primero, dándole una realización en su llamado al señorío. Cuando Adán cumplió ese llamado, Dios le proporcionó una mujer que fue diseñada de forma única para ser una ayuda idónea para cumplir este mandato del dominio.

Antes vimos que una ayudante es más que alguien que cocina, friega y limpia narices. Una ayudante es alguien capacitada para usar sus dones, habilidades y conclusiones para colaborar con su esposo de tal manera que la unión sea la más completa y adecuada para el dominio.

También subrayamos que fue Dios quien inició y creó la primera unión matrimonial, lo cual le dota de la autoridad definitiva, por medio de la trascendencia, para fijar cómo debe dirigirse esa sociedad. Dios ofició la primera boda, uniendo a Adán y Eva como «una sola carne» (Gn. 2:24).

Luego vimos que, dentro del pacto matrimonial, Dios tiene una jerarquía establecida, una cadena de mando. Cristo está bajo Dios Padre. Todos los hombres están bajo Cristo. Una mujer está bajo un hombre.

Basándonos en estas verdades, veamos lo que hay que decidir. Primero, los hombres deben decidir someterse a la autoridad espiritual. No estoy hablando de una autoridad espiritual que es etérea y amorfa. Jesucristo ha expresado su autoridad en este mundo por medio de su Palabra y de la Iglesia, de modo que esto significa que los hombres deben someterse a Dios y a la Iglesia para estudiar, aprender, aplicar y cumplir las palabras de Dios y su verdad. Entonces, los hombres deben convertirse en los pastores de sus hogares, bajo la autoridad de Dios, y representar a Cristo y su liderazgo dentro del hogar por medio de un discipulado, un desarrollo relacional y una toma constante de decisiones.

Entonces, señoras, ustedes deben reflejar ese liderazgo por medio de su sometimiento a sus esposos como líderes, animándoles en su liderazgo dentro del hogar. Tendrán que someterse a su guía, orar por su crecimiento y su capacidad para guiarla bien a usted y a su familia; y, en última instancia, confiar que Dios les proteja cuando estén bien alineados bajo la jerarquía que Él mismo ha establecido.

El control del clima

Sin embargo, cuando hablo del matrimonio tiendo a enfatizar más el rol del hombre. Lo hago por dos motivos. Uno, porque el hombre es la cabeza del hogar, y por tanto el responsable. Y dos, porque a menudo el hombre tiene la capacidad de controlar el clima dentro de su hogar.

Cuando Dios creó a la mujer, la hizo para recibir y responder. La hizo un poco más suave, más cálida y más emocional, para que respondiera al hombre. En otras palabras, una mujer responde al hombre de tal modo que, cualquier cosa que desee el marido, la recibirá al darla, no al exigirla.

Dios no quiere que una esposa ame a su esposo y responda a él porque el Señor lo dice; Dios quiere que lo haga como respuesta natural. Dios desea que una esposa responda porque su marido satisfaga sus necesidades emocionales con una atención amorosa, porque la respalde con su amor y su atención.

A muchos hombres que acuden a mí para recibir asesoramiento matrimonial les digo: «Deje de presionar tanto, y empiece a amar un poco más. Deje de quejarse tanto, y empiece a amar con más fuerza». Si un marido permite que su mujer sepa que la ama y la hace sentir segura, no tendrá que preocuparse de que ella cumpla sus responsabilidades en el hogar. No tendrá que preguntarse si tendrán una relación física activa y frecuente. Ella estará allí, respondiendo a sus necesidades.

Pero el marido debe guiar en el sentido ordenado por Dios. Debe decir: «Amigos, no puedo ir con ustedes esta noche. Tengo una esposa en casa, y debo pasar tiempo con ella. Creo que hoy saldremos juntos». Le garantizo que cuando sea ese tipo de marido, obtendrá el tipo de respuesta que anhela sin tener que pedirla.

Puede que algunos de ustedes digan: «Tony, la verdad es que ya lo intento. ¿Cómo es que mi esposa no responde?» Permítame responderles con una ilustración. Un hombre puede enojarse con su esposa a las 10:00 de la noche y haber olvidado el enojo a las 10:30. «Venga, cariño», le dirá, «vamos a pasar un tiempo juntos». Media hora antes era una caja de dinamita con mecha corta, pero en ese lapso de tiempo su actitud ha cambiado radicalmente.

Por el contrario, si una mujer se enoja con su marido a las diez de la mañana, puede estarlo hasta las diez de la noche… e incluso las diez de la noche del día siguiente.

La razón de que una esposa siga enojada es que la discusión ha irritado sus emociones. Pero un marido puede suavizarlas si las «maneja» correctamente. Un marido puede propiciar a su esposa si se toma tiempo para aprender a hacerlo. Hace falta ejercer lo que se llama *amor incondicional*, es decir, el amor basado en la decisión de amar por difícil que sea el camino, con o sin respuesta.

A muchos esposos, amar incondicionalmente les exigirá una disculpa y un nuevo comienzo. «He fracasado. No te he amado como se suponía que debía hacerlo, y sé que esto ha afectado a nuestra relación. Voy a cambiar. Voy a amarte profundamente, del modo que necesitas ser amada».

Para tener éxito en el matrimonio hace falta este tipo de compromiso. Para algunos hombres será una decisión nueva, mientras que para otros será la continuación de un compromiso que ya aceptaron. Nueva o no, valdrá la pena.

El Salmo 128 contiene una nota interesante sobre la naturaleza de la respuesta de la mujer y el modo en que ésta afecta al hogar. Dice que el hombre que teme al Señor (el que camina con Dios) verá que su esposa es como una vid fructífera en el hogar. Dentro de un clima favorable, las viñas no necesitan ayuda para crecer. Dado el entorno adecuado, crecen y producen uvas con las que se elabora el vino, una bebida que en tiempos bíblicos simbolizaba la celebración y la felicidad. Lo mismo sucede en el hogar.

El marido es responsable de crear un clima en el que su esposa pueda florecer. Cuando eso suceda, podrá esperar una respuesta de gozo. El esposo puede anticipar la alegría como fruto de su labor.

El control del clima involucra una serie de requisitos. Primero, el marido debe estar en casa el tiempo suficiente para crear y mantener una temperatura ideal. El esposo que apenas está en casa no puede hacerlo, porque sus ausencias frustran a su esposa y perjudican su confianza en sí misma. Segundo, el marido debe saber qué necesita su esposa para crecer. Esto significa que debe pasar tiempo de calidad con ella, si quiere recibir una respuesta de calidad.

La pared occidental de una casa en la que viví en otro tiempo estaba cubierta por una enredadera. Cada verano la planta crecía muy rápidamente. Las lluvias estivales y el calor del sol le permitían cubrir toda la pared de un follaje exuberante. En poco tiempo había que podarla, y luego volver a hacerlo cuando empezaba a crecer bajo el alféizar de la ventana, trepando por los ladrillos del muro y llegando al techo de la casa. Ver crecer aquella enredadera me produjo grandes alegrías.

Lo mismo sucede con una esposa que ve cómo su marido le proporciona el clima adecuado. Le dará grandes alegrías con su amor, ofreciéndole la atmósfera que él necesita y desea. Cuanto mejor y más constante sea el clima, mejor, más rápido y más coherente será el crecimiento de la esposa. A medida que ella crezca y se realice, su marido se beneficiará del crecimiento.

> **El marido es responsable de crear un clima en el que su esposa pueda florecer. Cuando eso suceda, podrá esperar una respuesta de gozo. El esposo puede anticipar la alegría como fruto de su labor.**

La unión matrimonial es un pacto creado con el propósito expreso de unir dos seres en uno solo. Esto se hace en un esfuerzo por equipar a los dos cónyuges con los instrumentos necesarios para ejercer dominio en sus vidas. La comprensión de la naturaleza de un pacto, la trascendencia y la jerarquía (así como del tercer elemento que contemplaremos en el próximo capítulo) hacen posible cumplir los términos del pacto, permitiéndonos recibir los beneficios que tanto queremos disfrutar.

3

La ética:
El funcionamiento
del matrimonio

Cuando mi hijo Anthony era más pequeño, le regalé una bicicleta por Navidad. La bicicleta venía desmontada, acompañada de un grueso manual de instrucciones. Yo me consideraba un hombre inteligente. En aquella época estaba cursando mi licenciatura del seminario en una de las instituciones teológicas más prestigiosas del país. No creí necesario tener que leer un montón de normas sobre cómo montar una sencilla bicicleta para mi hijo.

Así que me puse manos a la obra en el proceso de ensamblar la bicicleta, por mi cuenta. Ocho horas después, cuando sólo había montado el manillar, mi esposa me hizo una sugerencia. Me dijo: «Tony, ¿por qué no lees las instrucciones?».

Lo que me estaba diciendo Lois, aunque no con esas palabras exactas, era que el fabricante de la bicicleta, sin duda, sabría más que yo sobre cómo montarla.

Lois tenía razón. Me tragué mi orgullo, leí las

instrucciones y monté la bici en apenas cuarenta y cinco minutos. Lo que no pude hacer solo en ocho horas lo hice en menos de una, simplemente porque el fabricante de la bicicleta sabía más de esos aparatos que yo. El fabricante había diseñado y fabricado la bicicleta, de modo que era lógico que conociera las instrucciones necesarias para ensamblarla.

LA TERCERA FACETA DEL PACTO: LA ÉTICA

En los capítulos anteriores hemos visto que Dios es tanto el creador como el diseñador del pacto matrimonial. Es trascendente sobre esta unión. También ha establecido una jerarquía (una cadena de mando) para que la relación sea funcional. En este capítulo examinaremos el último aspecto de un pacto: la ética.

Profundizo más en el tema de este capítulo en mis libros *Solo para esposos* y *Solo para esposas*. Aunque en este capítulo tocaremos los elementos básicos de un pacto, quiero animarle a que consiga y lea los otros dos libritos. Hay demasiada información vital sobre este tema como para incluirla en el espacio limitado restante. Pero con el propósito de comprender y aplicar el poder de un pacto matrimonial en nuestras vidas, lo que comentaré ahora le ofrecerá todo lo necesario para hacerlo.

La ética conlleva tres elementos interdependientes: las reglas, las sanciones y la continuidad.

LA AUTORIDAD Y EL PACTO

Si viniera usted a mi casa le daría la bienvenida, pero tendría que obedecer un conjunto de normas, igual que tendría que hacerlo yo si fuera a su casa. Por ejemplo, en mi casa no permito que se fume. De modo que, si es usted fumador o fumadora, tendrá que apagar el cigarrillo antes de entrar en mi casa.

Yo tengo la capacidad de establecer esas reglas y hacerlas cumplir porque es mi casa. El matrimonio es la casa de Dios. A Él se le ocurrió la idea. Y solo funcionará bien cuando se rija por sus normas.

En un pacto siempre hay reglas. No obstante, tenga presente que usted no es quien las establece; a menos, claro está, que sea usted la autoridad dentro del pacto. Dado que Dios es trascendente, Él es la autoridad sobre el pacto matrimonial. Por consiguiente, Dios ha establecido las normas para un matrimonio con éxito.

Sin embargo, lo que a menudo quieren hacer las parejas casadas es disponer de la institución matrimonial de Dios, pero dirigirla según sus propias reglas. Quieren casarse en una iglesia, de modo que Dios bendiga su matrimonio, pero luego pretenden que Dios se quede en el altar. Quieren crear sus propias reglas para decidir cómo se dirige un matrimonio.

Permítame que le cuente un secreto. Es un secreto muy importante. Preste atención: si no sigue las reglas de Dios, no obtendrá sus resultados. Si no sigue las instrucciones de Dios no obtendrá las bendiciones de Dios sobre su matrimonio y en su hogar. Si no cumple las normas divinas sobre la unión de pacto matrimonial no disfrutará de la provisión, la protección y la paz de Dios en sus relaciones.

Se puede usted pasar ocho horas discutiendo con su cónyuge sin resolver el problema, cuando, de haber cumplido las normas de Dios, la discusión habría concluido en cuestión de minutos. Además, ambas partes hubieran quedado satisfechas al final del proceso. Lo que a menudo intentamos hacer es elaborar nuestras propias reglas, y luego nos preguntamos por qué tardamos tanto en arreglar las cosas.

Como dije antes, todos los pactos tienen reglas. Pero la autoridad es la única que establece esas reglas en el pacto. En el caso del pacto matrimonial, esa autoridad es Dios.

DOS REGLAS PARA EL MATRIMONIO

Dios ilustró claramente el uso de las reglas en los pactos cuando instituyó el pacto mosaico. Según ese pacto, Dios ordenaba a los israelitas hacer determinadas cosas y abstenerse de hacer otras. Hizo una lista de esas reglas en los Diez Mandamientos.

Dentro del pacto matrimonial, encontramos también un conjunto de reglas que pone Dios. No son diez, ni están grabadas en piedra, pero son tan claramente comprensibles como las que recibió Moisés. Dentro del matrimonio solo hay dos reglas. Dios nos lo ha puesto realmente fácil. Si una pareja cumple tan solo esas dos reglas, todo lo que hay en su hogar cambiará.

Encontramos esas dos normas en el libro de Efesios, capítulo 5. Dios condensa en un solo versículo las dos reglas para gozar de un matrimonio agradable y funcional. Allí leemos: «Por lo demás, cada uno de vosotros ame también a su mujer como a sí mismo; y la mujer respete a su marido» (Ef. 5:33).

Amor y respeto. El fundamento inicial de lo que hay que decir sobre la ética matrimonial se puede condensar en estas dos palabras sencillas: amor y respeto.

Amar como amó Cristo

Primero, Dios dice que los maridos deben amar a sus esposas. Esto no es solo un mandamiento, sino también un elemento crítico del pacto.

A menudo usamos la palabra «amor» a la ligera, permitiendo que se defina de muchas maneras. En el mundo angloparlante, la gente dice cosas como «Amo el pastel de chocolate», «Adoro el fútbol» o «Ese espectáculo me enamora». Lo que realmente quieren decir es que algo les gusta, que disfrutan de ello. La definición del amor es mucho más profunda que algo a lo que nos sentimos emocionalmente vinculados. Como antes mencioné, «amar» es procurar apasionada y correctamente el bienestar de otra persona.

La Biblia dice en 1 Juan 4:8 que «Dios es amor». Dado que Dios *es* amor, el amor siempre debe definirse teniendo a Dios como estándar.

Sin duda, el amor implica a las emociones, pero también incluye la búsqueda consciente del bienestar de la otra persona. El primer interés del amor es: ¿cómo contribuye este acto al bienestar de quien recibe mi amor? Si no contribuye, o si hace lo contrario, no es amor.

Los maridos no deben buscar instrucciones sobre cómo amar a sus esposas en la televisión, sus amigos o la sociedad. Varones, debemos hallar nuestro ejemplo de amor en Dios. Cristo es nuestro estándar.

> El fundamento inicial de lo que hay que decir sobre la ética matrimonial se puede condensar en estas dos palabras sencillas: amor y respeto.

Volvamos a leer unos pocos versículos en el libro de Efesios, que ya vimos antes, y analicémoslos a fondo. El pasaje afirma:

«Maridos, amad a vuestras mujeres, así como Cristo amó a la iglesia, y se entregó a sí mismo por ella, para santificarla, habiéndola purificado en el lavamiento del agua por la palabra, a fin de presentársela a sí mismo, una iglesia gloriosa, que no tuviese mancha ni arruga ni cosa semejante, sino que fuese santa y sin mancha. Así también los maridos deben amar a sus mujeres como a sus mismos cuerpos. El que ama a su mujer, a sí mismo se ama. Porque nadie aborreció jamás a su propia carne, sino que la sustenta y la cuida, como también Cristo a la iglesia, porque somos miembros de su cuerpo, de su carne y de sus huesos. Por esto dejará el hombre a su padre y a su madre, y se unirá a su mujer, y los dos serán una sola carne» (Ef. 5:25-31).

Como vimos en el capítulo anterior, desde el punto de vista jerárquico, los hombres están alineados bajo Cristo. Los hombres deben amar a sus esposas como Cristo lo ha hecho en su ejemplo de amor por la Iglesia. La pregunta es: ¿cómo amó Cristo a la Iglesia?

En este pasaje hallamos tres maneras en las que Cristo amó a la Iglesia. Cristo aceptó el papel de salvar, santificar y satisfacer a la Iglesia.

Salvar

El primer modo en que Cristo amó a la Iglesia fue convirtiéndose en su Salvador. Leemos que «se entregó por ella».

La salvación conlleva un sacrificio. Cristo se sacrificó por la Iglesia, y los hombres deberían sacrificarse en beneficio de sus mujeres. Su esposa sabrá que usted la ama, hermano, cuando esté dispuesto a renunciar a cosas que son importantes para usted a cambio de algo que su esposa necesita legítimamente para gozar de bienestar. Puede que a usted le cueste algo. Puede costarle tiempo, energía, dinero, o quizá le obligue a tardar más en alcanzar un objetivo (o bien lo reduzca), pero esto se debe a que es un sacrificio.

Cuando el rey David acudió a hacer un sacrificio para Dios para pedirle que retirase la plaga que aquejaba a su pueblo, compró la tierra en la que iba a hacer el sacrificio. La compró incluso cuando se la habían ofrecido gratis.

¿Por qué la compró? Porque dijo: «No, sino por precio te lo compraré; porque no ofreceré a Jehová mi Dios holocaustos que no me cuesten nada» (2 S. 24:24). David sabía que la naturaleza del sacrificio significaba que uno tiene que renunciar a algo en el proceso. Varones, ¿a qué renuncian ustedes para amar a sus esposas?

Un hombre me confesó una vez: «Tony, mi mujer me está matando».

Le contesté: «Usted me dijo que quería ser como Jesús, ¿no es cierto?». Jesús se hizo nuestro Salvador por amor, a pesar de que ese proceso acabó matándole.

Recuerde que Adán también tuvo que sacrificar algo —una costilla— para conseguir a Eva. Tuvo que renunciar a algo. Hoy día vemos a hombres que quieren casarse, pero seguir viviendo como solteros. No quieren sacrificar tiempo o atención estratégicos, ni recursos, en beneficio de sus cónyuges. Esos hombres no quieren una esposa, sino una criada. Quieren casarse con alguien simplemente para que les sirva.

La unión de pacto matrimonial se instituyó para que los hombres y las mujeres colaborasen en la puesta en práctica de su mandato: señorear. Pero no habrá dominio alguno en su hogar, su lugar de trabajo o su mundo si usted no se guía por las reglas del pacto. A los hombres se les ordena amar. El amor conlleva sacrificio.

Santificar

El segundo modo en que Cristo amó a la Iglesia fue «para santificarla». Cristo no solo se convirtió en el Salvador de la Iglesia, sino en su santificador. «Santificar» es un término teológico que significa «tomar algo de donde esté y convertirlo en lo que debería ser». La santificación es el proceso de transformación espiritual.

Un esposo debe santificar a su esposa. Debe actuar en su vida como un agente transformador, para bien. Cuando un hombre se casa con una mujer, no solo se casa con ella, sino también con su historia. Se casa con todo lo que hizo de ella lo que es, todas aquellas cosas que ella, astutamente, le ocultó mientras eran novios.

Puede que él, después de casarse, diga: «No sabía que ella gritaba». Bueno, siempre había gritado. Lo que pasa es que nunca permitió que usted lo viera, porque no iba a hacer nada que pusiera en peligro aquel anillo. Lo camufló. Por supuesto, los hombres hacen lo mismo.

> **Un esposo debe santificar a su esposa. Debe actuar en su vida como un agente transformador, para bien.**

Santificar a su esposa supone convertirse en un instrumento en manos de Dios para producir una transformación positiva en su esposa. ¿Cómo se hace esto? Leemos que Cristo lo hizo «en el lavamiento del agua por la palabra». Cristo lo hizo por medio de vivir y enseñar la Verdad. Lo hizo no solo mediante el discipulado, sino también ejemplificando una vida plenamente alineada con los principios de la Palabra de Dios.

Satisfacer

La tercera manera en que Dios amó a la Iglesia fue al satisfacer sus necesidades. El pasaje bíblico que leímos antes decía: «El que ama a su mujer, a sí mismo se ama. Porque nadie aborreció jamás a su propia carne, sino que la sustenta y la cuida, como también Cristo a la iglesia, porque somos miembros de su cuerpo».

Los hombres deben satisfacer las necesidades de sus esposas. Usted hará esto cuando valore a su esposa en el mismo grado en que se valora a sí mismo. Debe estar dispuesto a hacer por ella todo lo que usted hiciera para su propio bienestar.

La esposa debe considerarse como lo que 1 Pedro 3:7 llama «coheredera», una socia en igualdad de condiciones. Su opinión importa. Su autoridad, también, al igual que su presencia. Sí, varones, ustedes son la cabeza y toman las decisiones finales, pero, antes de tomarlas, debe escuchar y valorar el punto de vista de ella.

Si satisface a su esposa, ella le responderá como usted desea. Le responderá porque se sentirá amada y valorada.

Usted dirá: «Pero, Tony, mi esposa se ha endurecido. Es fría como el hielo». Mi respuesta es sencilla: dale calor, y verá cómo se derrite. El hielo sólo es hielo en un entorno frío. Lo que hacemos a menudo es quejarnos de nuestro cónyuge sin estar dispuestos a cambiar el entorno, haciendo un esfuerzo para suscitar un cambio en ella.

Todo empieza con los hombres. El hombre es el termostato del matrimonio. La esposa es el termómetro. No espere una esposa estival si usted crea en el hogar un invierno permanente. Una esposa debe experimentar amor. Debe saber que su marido está dispuesto a salvarla, santificarla y satisfacerla dentro de un compromiso de pacto con ella, como Cristo hace con la Iglesia.

Respete a su marido

Aunque todo empieza con los hombres, señoras, deben darse cuenta de que una mala esposa puede arruinar a un buen marido. Por tanto, ¿qué hace que una mujer sea una mala esposa? Una mala esposa es una mujer que no respeta a su marido. Leemos sobre esta segunda regla para la unión de pacto matrimonial en Efesios, como vimos antes, donde dice:

«Por lo demás, cada uno de vosotros ame también a su mujer como a sí mismo; y la mujer respete a su marido» (Ef. 5:33).

Lo primero que quiero que veamos en este pasaje es una palabra implícita que tiene mucho sentido. La palabra es «debe», en «respete» («debe respetar»), y este término significa que es un mandamiento. El mandamiento para que una mujer respete a su marido no es una opción; es una regla del pacto.

Lo interesante del caso es que no dice que las esposas deben «amar» a sus maridos, aunque el principio general que hallamos en las Escrituras es que nos «amemos unos a otros» (1 Jn. 4:7). Lo que se ordena hacer a una mujer, como regla del pacto matrimonial, es *respetar* a su marido.

Señoras, sus maridos no necesitan tanto que les amen como precisan que les respeten. Respetar a su marido significa tenerle en alta estima y honrarle. Lo que necesita una mujer de su marido está en el corazón de ella. Lo que necesita un hombre de una mujer está en la cabeza de él. Se llama ego.

A menudo las mujeres dicen a sus maridos: «No pienso alimentar tu ego». Pero eso viene a ser como si él le dijera: «No voy a alimentar tu corazón». Los hombres anhelan que alimenten su ego. Quieren que alimenten su ego hasta tal punto que a menudo lo alimentan ellos mismos, aunque sea a costa de mentir. Varones, ya saben de qué hablo. Digan la verdad y avergüencen al diablo. Nosotros lo hacemos.

Una esposa puede alimentar el ego de su marido de un modo legítimo, cuando le respeta y le honra. No existe nada más peligroso para una relación matrimonial que la falta de respeto. Cuando un hombre sienta que no le respetan, o bien se rebelará contra la mujer, se apartará de ella o se volverá pasivo.

Esto me recuerda la historia de Winston Churchill

y de Lady Astor en el Parlamento británico. Aquellos dos individuos se detestaban. Un día, lady Astor dijo a Winston Churchill: «Winston, si fuera usted mi marido, le echaría veneno en el té».

Winston contestó: «Lady Astor, si usted fuera mi esposa, yo me lo bebería».

Pero, hablando en serio, cuando se rompen las reglas de un pacto relacional, todas las partes sufren. Una esposa debe «comprobar que respeta a su marido». Ésta es una regla del pacto.

> **SEÑORAS, SUS MARIDOS NO NECESITAN TANTO QUE LES AMEN COMO PRECISAN QUE LES RESPETEN. RESPETAR A SU MARIDO SIGNIFICA TENERLE EN ALTA ESTIMA Y HONRARLE.**

En los pactos del Antiguo Testamento, como veremos en breve, la obediencia a los términos del pacto acarreaba bendición. Y desobedecer las normas del pacto provocaba caos. Esposas, manifestar respeto a sus esposos no es una opción: es un mandamiento.

Si un policía le detiene cuando va en su automóvil y usted piensa que se trata de un error, no dará saltos ni pegará gritos, ni tampoco le insultará mientras le deja claro que es un estúpido. Si hace algo así acabará en la cárcel, porque aunque el policía se haya equivocado, aún ostenta una posición de autoridad, y espera su respeto.

Muchas mujeres andan descarriadas dentro de la unión matrimonial debido a su conducta. Que su esposo se haya ganado (o, según usted, merezca o no) su respeto, es algo secundario. Dios ha ordenado a las mujeres que respeten a sus maridos en virtud de su posición.

Dentro del pacto matrimonial sólo hay dos normas. Pero éstas pueden producir vida o acarrear una muerte prematura: la muerte en la armonía, el propósito y la productividad, y sobre todo la muerte en los ámbitos del dominio, la bendición y la continuidad (hablaremos más de esto en un momento).

Dios observa cómo se honran los aspectos fundamentales del pacto en su matrimonio, para responder en consecuencia. Observa al marido para ver cómo manifiesta su amor por su esposa por medio de sus actos. Y observa a la esposa para ver cómo respeta a su marido.

Les observa porque les responderá en función de sus actos, para darles lo que examinaremos durante el resto de este capítulo: bendiciones o maldiciones. Hoy día somos muchos los que bloqueamos nuestras bendiciones porque desafiamos el orden que Dios ha establecido. Muchos de nosotros vivimos vidas rotas, cansadas, porque incumplimos los términos del pacto.

Dios ha permitido a cada uno de nosotros que disfrutemos de su abundancia en este mundo, pero debemos hacerlo dentro de la estructura de un pacto. Dios es trascendente y, en su trascendencia, nos ha dado un código ético que hay que seguir. Si lo hacemos, experimentaremos beneficios. Si no, obtendremos la pérdida resultante.

LAS SANCIONES

Estos beneficios y pérdidas que se encuentran dentro del aspecto ético en un pacto son muy importantes. De hecho, son peligrosamente importantes. Es esencial que se entiendan, porque cuando no es así el matrimonio no produce mucho dominio ni disfrute, y sí mucho sufrimiento. Al abordar la siguiente sección quiero ser didáctico intencionadamente, porque ahora mismo mi objetivo es ofrecerle una claridad prístina sobre una realidad a menudo malentendida.

A estos beneficios y pérdidas las llamamos *sanciones*. Es el término empleado para describir las bendiciones y las maldiciones que acompañan al pacto. Todos los pactos llevan implícitos bendiciones y maldiciones. Una manera contemporánea en que lo expresamos a menudo, sin darnos cuenta de que estamos describiendo un aspecto de las sanciones, es usando los términos «causa» y «efecto».

La causa y el efecto, de los cuales el efecto es la bendición o la maldición, significa sencillamente que hay una serie de efectos vinculados al pacto, y que tienen lugar cuando los otros aspectos del pacto se respetan o se transgreden.

Dios dijo a Moisés, como leemos en los capítulos 28 y 29 del libro de Deuteronomio, las diversas bendiciones y maldiciones que caerían sobre los israelitas si le obedecían o le desobedecían. Dijo, en esencia, que si cumplían su pacto podían estar seguros de recibir todas esas bendiciones diversas. No se trataba de que *quizá* las recibieran. Él las prometió

Por el contrario, dijo Dios, si incumplían los términos de su pacto, recibirían las distintas maldiciones que también les esbozó. Dios dio la causa: la obediencia o la desobediencia. Luego dio el efecto: la bendición o la maldición. De ellos dependía elegir, reforzando así una vez más nuestro mandato: ejercer el dominio en nuestras vidas.

Después de detallar las numerosas bendiciones y maldiciones para los israelitas, Dios dijo algo más que es importante que destaquemos en nuestro estudio sobre el pacto matrimonial. En el versículo 9 del capítulo 29, leemos: «Guardaréis, pues, las palabras de este pacto, y las pondréis por obra, para que prosperéis en todo lo que hiciereis».

En otras palabras, Dios les dice que establece su pacto con ellos para que puedan beneficiarse. Cuando un hombre se interesa por firmar un pacto matrimonial con una mujer, a menudo formulará promesas vinculadas a éste. Le manifestará todos los modos en que ella se beneficiará por unirse a él. Lo que hace es darle a conocer los beneficios, o bendiciones, que obtendrá al entrar en esa relación con él.

En el versículo que acabamos de leer, Dios les hace saber que si respetan su parte del pacto, Él promete cumplir las cosas que dijo que haría como respuesta. Dios ha diseñado el matrimonio como un instrumento para beneficiar su vida. Lamentablemente, puesto que a menudo no entendemos la verdadera naturaleza y el propósito del matrimonio, perdemos de vista esa verdad y acabamos viviendo vidas caracterizadas por el caos.

Buena parte de los problemas a que nos enfrentamos como pareja no tiene nada que ver con los problemas de los que discutimos. Tiene que ver con las maldiciones, y el reino satánico que opera en ellas. Una pequeña cosa puede convertirse en una discusión que encauza al matrimonio por el camino del divorcio. Y uno acaba preguntándose cómo una cosa tan pequeña consiguió semejante resultado.

Puede hacerlo porque el meollo no es esa pequeña cosa. Es la ruptura del pacto matrimonial, ya sea por falta de sumisión bajo la trascendencia de Dios, la falta de alineación o una transgresión de las normas del pacto de amar y respetar, dentro del código ético.

Es como preguntarse cómo es que un pequeño fruto en el huerto del Edén pudo haber causado tanto sufrimiento. Provocó tantas desgracias para todas las generaciones venideras porque la cuestión no era una mera pieza de fruta. El meollo era el efecto: la maldición, que provino de la causa, es decir, la desobediencia al gobierno de Dios.

Parejas, si no comprendemos la importancia que tiene establecer un vínculo espiritual en todo lo que sucede en nuestros matrimonios, seguiremos poniendo el grito en el cielo sobre el fruto, o el tema que abordemos en ese momento. Seguiremos centrándonos en lo que sucede, sin darnos cuenta de que debemos alinearnos bajo las normas fundamentales de un pacto, si queremos estar en posición de recibir las bendiciones que Dios ha prometido.

La consejería familiar que asesora sobre las técnicas relacionales es positiva, y la recomiendo cuando una pareja ha alcanzado un punto muerto en su comunicación. Pero para invertir los efectos de las maldiciones en su hogar y en su vida, y recibir las bendiciones en su esfera de dominio necesitará más que eso. Tendrá que abordar la cuestión espiritual, y eso solo puede hacerse espiritualmente.

Si desea volver al ámbito de la bendición, y alejarse del lado de la maldición en su hogar, debe cambiar la manera en que se comporta respecto al pacto. Comprender y apropiarse de la verdad sobre las sanciones puede salvar algo más que su matrimonio: puede salvarle la vida.

LOS JURAMENTOS Y LA INTIMIDAD SEXUAL

En la Biblia, las sanciones suelen ir vinculadas a juramentos. Un juramento es una declaración espiritualmente vinculante. Cuando una pareja contrae matrimonio, sus miembros emiten un juramento espiritual y legalmente vinculante el uno con el otro. Este juramento legalmente vinculante incluye sanciones que pueden conllevar el grado en el que Dios participará activamente en sus vidas, así como otras sanciones que llegan incluso a las vidas de sus hijos. Leemos sobre este tema en el capítulo 2 de Malaquías, donde dice:

«Y esta otra vez haréis cubrir el altar de Jehová de lágrimas, de llanto, y de clamor; así que no miraré más a la ofrenda, para aceptarla con gusto de vuestra mano. Mas diréis: ¿Por qué? Porque Jehová ha atestiguado entre ti y la mujer de tu juventud, contra la cual has sido desleal, siendo ella tu compañera, y la mujer de tu pacto. ¿No hizo él uno, habiendo en él abundancia de espíritu? ¿Y por qué uno? Porque buscaba una descendencia para Dios. Guardaos, pues, en vuestro espíritu, y no seáis desleales para con la mujer de vuestra juventud» (Mal. 2:13-15).

En este pasaje, vemos que Dios se ha posicionado para negarse a recibir la adoración de aquellos que han deshonrado el juramento matrimonial. No solo eso, sino que el pasaje revela también la conexión entre la búsqueda de una «descendencia» santa y el respeto a los términos del acuerdo matrimonial.

Las palabras que intercambiaron el día de su boda, las promesas de amar, cuidar y honrar a su cónyuge, no eran solo parte de una ceremonia. Las pronunciaron en el proceso de convertir su relación en un pacto legalmente vinculante, bajo el principio de dos personas que se hacen una sola carne (Mr. 10:6-8). El juramento ceremonial que se declararon mutuamente es la manifestación pública de su pacto matrimonial delante de Dios, igual que el acto del bautismo es su demostración pública de que entra en un nuevo pacto con Cristo.

De la misma manera, la comunión es el símbolo de una renovación (o recuerdo) del juramento que hizo usted cuando se bautizó. La intimidad sexual, como la comunión, es la reafirmación del juramento que hizo durante la boda, el que declara que ahora dos individuos están unidos en una sola carne.

Ahora bien, sé que usted ha estado aguardando esto, porque, ¿de qué sirve una guía matrimonial si no se dice algo acerca de una de las mejores cosas del matrimonio, el sexo? Me alegro de que haya leído hasta aquí, porque ha valido la pena esperar. La intimidad sexual es mucho más importante y más poderosa de lo que muchos somos conscientes. La intimidad sexual es para el matrimonio lo que la comunión es para la cruz: una nueva afirmación del juramento fundacional del pacto.

Cuando una pareja se casa y tiene intimidad sexual, comparten una faceta de la vista distinta de los otros aspectos ordinarios, cotidianos. La unión sexual tiene lugar en un nivel espiritual más elevado.

Típicamente, las parejas comparten sus vidas, hablan juntos, comen juntos y todas las otras cosas que hacen cuando se casan. Pero en el vínculo sexual se comparte y se participa de algo que va mucho más allá que la mera vida juntos. Dios lo diseñó de esta manera, e incluso decidió que el primer acto de intimidad sexual fuera un testimonio del pacto matrimonial.

Esto se debe a que, con mucha frecuencia, los pactos exigían el derramamiento de sangre: Dios mataba un animal, Cristo murió en la cruz; para acceder a la relación se celebraba un sacrificio, en algún sentido. Dios formó a una mujer como lo hizo para que, si es virgen en la noche de bodas, lo normal es que sangre, porque en ese momento se establece un pacto.

> **LA INTIMIDAD SEXUAL, COMO LA COMUNIÓN, ES LA REAFIRMACIÓN DEL JURAMENTO QUE HIZO DURANTE LA BODA, EL QUE DECLARA QUE AHORA DOS INDIVIDUOS ESTÁN UNIDOS EN UNA SOLA CARNE.**

La intimidad sexual en el matrimonio suele entenderse solamente en términos de su dimensión física. No es que la parte física del sexo no sea maravillosa, porque lo es. Pero, ¿por qué detenernos ahí? La intimidad sexual es una fuerza poderosa que enriquece su vida no solo en el ámbito físico, sino también en el espiritual. De hecho, Pablo nos enseña en su epístola a los Corintios que la intimidad sexual matrimonial es un instrumento poderoso para evocar las bendiciones sobre el matrimonio. Las parejas casadas pueden incluso abstenerse de la intimidad sexual durante un tiempo, mediante un acuerdo mutuo, para buscar las bendiciones de Dios a través de la oración. «No os neguéis el uno al otro, a no ser por algún tiempo de mutuo consentimiento, para ocuparos sosegadamente en la oración; y volved a juntaros en uno» (1 Co. 7:5).

La intimidad sexual no solo renueva el pacto dentro de la relación matrimonial, sino que es la expresión constante de compromiso, ternura y pasión. Una de las peores cosas que puede hacer es convertir en un ritual algo que se supone debe ser santo. No permita que la intimidad sexual, algo tan intensamente profundo, se convierta en algo ordinario.

LA CONTINUIDAD

Dentro del área general de la ética, y como consecuencia del área de las sanciones, descubrimos lo que se llama «continuidad». La continuidad hace referencia a la transmisión de una herencia. Cuando Dios comenzó en el huerto del Edén con Adán y Eva, su intención era que los resultados del pacto matrimonial se transmitieran de generación en generación, por medio de la descendencia.

Las sanciones del pacto, las bendiciones y las maldiciones, no debían circunscribirse a los padres. La Biblia nos dice claramente, en Éxodo capítulo 20, que las decisiones de los padres pueden tener repercusiones hasta la tercera y la cuarta generación. Leemos:

«No te inclinarás a ellas, ni las honrarás; porque yo soy Jehová tu Dios, fuerte, celoso, que visito la maldad de los padres sobre los hijos hasta la tercera y cuarta generación de los que me aborrecen» (Éx. 20:5).

Las decisiones que tomamos en nuestro matrimonio pueden tener repercusiones generacionales, ya sea para bien o para mal, no solo para nuestras familias, sino también para nuestra sociedad. Durante varias décadas hemos experimentado los primeros temblores de esta situación, manifestados en el número creciente de divorcios y el auge de los hogares monoparentales, debido a las parejas que deciden no casarse. Estas decisiones nos han dejado con una generación de niños sin padre que manifiestan tremendos problemas conductuales y emocionales. No solo eso, sino que estas circunstancias han allanado el camino para la redefinición de la unidad familiar por medio de la petición de legalizar los matrimonios homosexuales.

Nuestra sociedad refleja la estabilidad y la salud de nuestras familias. La mayoría de cuestiones negativas a las que se enfrenta nuestra sociedad tiene su origen en esta ruptura de la familia. Debido a la discontinuidad en el huerto, el caos sustituyó a la calma, la muerte a la vida, y la presión a la paz.

Sin embargo, cuando actuamos correctamente dentro del pacto de Dios, Él transfiere a otros, por medio de nosotros, las bendiciones de las promesas del pacto. La continuidad forja un vínculo entre Dios y quienes vienen tras los participantes inmediatos en el pacto, permitiéndoles aprovechar sus estipulaciones.

El matrimonio es un pacto sagrado, no solo un contrato social. Dios prometió bendecir la descendencia del hombre y de la mujer si ellos operaban fielmente de acuerdo con el gobierno de Él. De la misma manera que se comprometió a respetar su pacto con Abraham, Isaac y Jacob, transfiriendo la

herencia prometida a través del linaje familiar, Dios
tiene sanciones que transferirá, por medio de nosotros, a las generaciones futuras.

El matrimonio es más que una relación destinada
a la procreación o a la comunión; es una unión de
pacto creada con la oportunidad única de permitir
a cada cónyuge ejercer un dominio no solo en su
ámbito de influencia actual, sino a través de la historia. La continuidad ofrece el potencial de dejar un
legado perdurable y positivo a lo largo del tiempo,
o para transmitir a otros una serie de estragos con
los que tendrán que convivir o aprender a superar.

Un cordón de tres dobleces

Se dice que «cordón de tres dobleces no se
rompe pronto» (Ec. 4:12). Admitiendo este principio
sumario, dentro del matrimonio encontraremos la
capacidad de mantener una relación saludable y funcional que no vaya directa al tribunal de divorcios.

> **Nuestra sociedad refleja la
> estabilidad y la salud de nuestras
> familias. La mayoría de cuestiones
> negativas a las que se enfrenta
> nuestra sociedad tiene su origen
> en esta ruptura de la familia.**

Dentro del pacto matrimonial, hay más de dos
participantes. Un marido y una esposa entran en un

pacto cuando se casan, pero lo hacen junto con Dios. Igual que la Trinidad está formada por tres Personas iguales que son una sola (Dios Padre, Dios Hijo y Dios Espíritu Santo), el matrimonio es la réplica terrenal de esta Trinidad divina.

Es importante destacar que, cuando Dios llama a las parejas a ser una, no les llama a perder su unicidad. Como se revela en la Trinidad, la unidad no es lo mismo que la uniformidad. No es que un cónyuge sea igual que el otro. La variedad creativa de Dios es abundante. Cada cónyuge ha sido diseñado para tener una personalidad propia. Lo que genera la verdadera unidad es la unidad de propósito: es cuando una pareja usa sus diferencias y sus cualidades únicas de tal manera que les impulsa hacia un fin, un propósito y una visión comunes. Es el sentido de que el objetivo hacia el que avanzan es mayor que sus propias preferencias individuales.

Sin embargo, esta profundidad en la unión (que genera la verdadera unidad) solo la puede conseguir el Espíritu de Dios. Estamos formados por cuerpo, alma y espíritu. La atracción física, la de nuestros cuerpos, que puede acercar a dos personas, acabará desapareciendo si no lo ha hecho ya. Nuestras almas, que se han visto distorsionadas debido a nuestra historia, trasfondo, pecado personal y la influencia de otras personas en nuestras vidas, a menudo nos abocan a la consejería matrimonial (con suerte) y al conflicto (sin ella), pero no a la unidad. Pero cuando el Espíritu Santo se une con nuestros espíritus, cuando nos alineamos bajo los propósitos y la dirección de Dios, Él nos hace uno. En consecuencia, si no buscamos la unidad por medio de su Espíritu, limitamos el papel activo de Dios en nuestras vidas.

Usted no puede dejar a Dios en el altar y esperar que gozará de un matrimonio pleno. Dios debe unirse a ustedes en el hogar, según los aspectos que Él ha estipulado en su pacto: la trascendencia, la jerarquía y la ética. Cuando lo haga, y cuando ustedes respeten su autoridad, puede convertir su casa en un verdadero hogar. Usted no puede hacerlo solo. No pueden hacerlo siquiera como marido y mujer. Dios debe ser el cordón que les mantenga juntos.

El poder de Dios que actúa en sus vidas es lo único que puede salvarlas, así como su matrimonio y su hogar. Cuando Cristo resucitó, dio a la humanidad acceso al poder de su resurrección (Ro. 6:4; Fil. 3:10) y a la presencia del Espíritu Santo (Jn. 14:16-18). Ese poder y esa presencia pueden permitirles a usted y a su cónyuge vivir juntos, amarse, confiar el uno en el otro y compartir la vida hasta que la muerte los separe. Dios, sólo Él, ha dado a la humanidad la capacidad de hacer esto.

Dios creó el matrimonio y, como lo hizo, el matrimonio sí importa. Le reto a que se comprometan con Dios y funcionen dentro de los parámetros de su pacto matrimonial, que Él ha orquestado. Permítanle que reconstruya su matrimonio convirtiéndolo en algo que pueda usar no solo para su gloria, sino para permitirles ejercer dominio y gozar de felicidad en sus vidas.

Solo para
esposas

*Tres principios para
honrar a su esposo*

Tony Evans

¿Cómo debe una esposa honrar a su esposo? Aprendiendo tres cosas, dice Tony
Evans: cómo sujetarse, seducir, y entregarse a su marido. De estos tres principios,
surgirá un matrimonio piadoso.

ISBN: 978-0-8254-1235-6

Disponible en su librería cristiana favorita o en www.portavoz.com

La editorial de su confianza

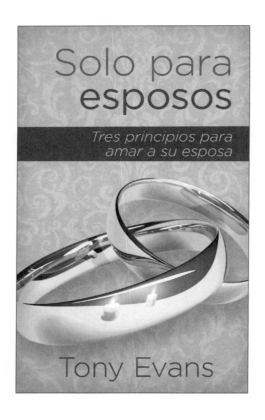

¿Qué significa que un esposo ama a su esposa? Tres cosas, dice Tony Evans: un marido debe ser el salvador, el santificador y el que satisface a su esposa. Al vivir estos tres principios, un matrimonio piadoso surgirá y prosperará.

ISBN: 978-0-8254-1236-3

Disponible en su librería cristiana favorita o en www.portavoz.com

La editorial de su confianza

AUTOR DE MÁS VENTA DE *LOS CINCO LENGUAJES DEL AMOR*

El *matrimonio* que *siempre* ha deseado

Dr. Gary Chapman

El mensaje central del libro es: Para disfrutar "el matrimonio que siempre ha deseado", tiene que primero ser la persona que Jesús siempre ha deseado que sea. Trata entre otros los temas de la comunicación, las expectativas y el reto de cómo manejar el dinero. Este libro es continuación de *Los cinco lenguajes de amor*.

ISBN: 978-0-8254-0504-4

¡Un gran éxito de ventas! Este libro para mujeres trata bíblicamente lo que significa ser una esposa obediente. La autora presenta la enseñanza bíblica respecto al papel de la esposa en el matrimonio. Enseña el camino de Dios para la felicidad y la bendición en el hogar.

ISBN: 978-0-8254-0509-9

¿Yo? ¿Obedecer a mi marido?

La esposa obediente y el camino de Dios para la felicidad y la bendición en el hogar

ELIZABETH RICE HANDFORD

Disponibles en su librería cristiana favorita o en www.portavoz.com

La editorial de su confianza

Explica el secreto de la felicidad conyugal, el diseño de Dios para que una esposa ame a su esposo, aunque tenga defectos. Este libro proporciona valiosas ideas en importantes aspectos del matrimonio. Entre otras explica qué significa ser la ayuda idónea del esposo y qué es y qué no es la sumisión.

ISBN: 978-0-8254-1264-6

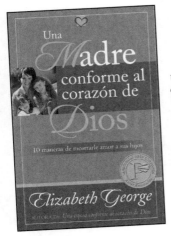

Un estupendo libro que presenta ideas para que las madres cristianas puedan nutrir a sus hijos de cualquier edad en el Señor.

ISBN: 978-0-8254-1267-7

Disponibles en su librería cristiana favorita o en www.portavoz.com

La editorial de su confianza